AF586211

ENSEIGNEMENT PRIMAIRE

Cours élémentaire

MÉTHODE NÉEL

LECTURE

en 2 Tableaux (ou 8 Tableaux)
et 3 Livrets

Premier Livret

Encyclopédie enfantine

Lecture et Écriture

Leçons de Choses en 45 gravures

Librairie Armand Colin

103, Boulevard Saint-Michel, PARIS

MÉTHODE NÉEL

LECTURE — ÉCRITURE — LEÇONS DE CHOSES — NOTIONS PREMIÈRES

GUIDE GÉNÉRAL

LECTURE

PRINCIPES. — La méthode de lecture repose sur les données suivantes :

1° **Distinction apparente** de la *voyelle* ou *son* d'avec la *consonne* ou *articulation.*

2° **Omission intentionnelle** de tout ce qui n'est pas d'une lecture *facile* et de tout ce qui constitue une exception.

3° Application de la **nouvelle** appellation et de la **nouvelle** épellation.

4° Exposition de **toute la méthode** en deux Tableaux muraux.

EXERCICES AUX TABLEAUX

PROCÉDÉS. — 1° Dans les Tableaux, les articulations sont imprimées en *noir* et les sons en *rouge;* dans les Livrets, les articulations sont imprimées en caractères *gras*, et les sons en caractères *ordinaires.*

2° L'ordre alphabétique ne pouvant être suivi dans une méthode logique de lecture, on a adopté le classement des lettres en *sons* et en *articulations;* et le classement des articulations en groupes naturels (labiales, dentales, gutturales, liquides, sifflantes).

3° Les *consonnes* ou *articulations* ne sont pas appelées par leur nom ordinaire et traditionnel : *bé, cé, dé, ef, gé, ache*, etc. ; mais d'après leur prononciation. Ainsi *b* se prononce *be; p, pe; v, ve; f, fe ; d, de; t, te; g, gue; c, que*, etc.

4° Les sons, qu'ils soient ou non représentés par plusieurs lettres, doivent être prononcés *par une seule émission de voix*, sans décomposition, ni épellation. Ex. : *au*, prononcez *o*, comme dans *ét[au]* ; *ou*, prononcez *ou*, comme dans *hib[ou]*; *en*, prononcez *en*, comme dans *p[en]te*, etc.

5° Lorsqu'il s'agit d'assembler l'articulation avec le son, on doit faire prononcer le son **AVANT** de l'unir à l'articulation. Ex. : Soit à épeler le mot *chapeau*, l'enfant lira : *a-cha, eau-peau, chapeau.* — Soit encore le mot *combinaison*, l'enfant lira : *om-com, i-bi, combi, ai-nai, combinai, on-son, combinaison.*

6° Enfin lorsque l'enfant est suffisamment exercé, il lit les mots par syllabe, sans épellation d'aucune sorte. Ex. : *cha peau, com bi nai son.*

7° La division des mots en syllabes repose sur la règle suivante :

Les consonnes qui ne peuvent pas se joindre au commencement des mots ne se joignent pas au milieu; mais les consonnes qui peuvent se joindre ensemble au commencement d'un mot doivent se joindre au milieu.

Ainsi *pasteur* doit s'épeler *pa-steur*, parce qu'il y a des mots qui commencent par ***st***, tels que *style, studieux; manuscrit* s'épellera *ma-nu-scrit; espion, e-spion.*

Au contraire, *armateur* s'épellera *ar-ma-teur*, parce qu'il n'y a aucun mot commençant par *rm*.

PREMIER EXERCICE. — Le Maître, muni de deux baguettes, montre fixement à l'aide d'une baguette un des *sons*, que l'élève énonce : *a;* puis avec l'autre baguette le Maître parcourt la colonne des articulations et indique successivement chacune d'elles. — L'élève assemble par la pensée le son et l'articulation et les énonce par une seule émission de voix.

Exemple								
	a	:	**ba**	**pa**	**da**	**fa**	**va**	**ta**
	e	:	**de**	**fe**	**pe**	**ve**	**te**	**be**

DEUXIÈME EXERCICE INVERSE. — Le Maître indique fixement une des *articulations* que l'élève énonce : *b* (be); puis, avec l'autre baguette, il parcourt la ligne des voyelles et indique successivement chacune d'elles. — L'élève assemble encore par la pensée l'articulation et le son et les énonce par une seule émission de voix.

Exemple										
	b	:	**ba**	**bi**	**bu**	**be**	**bo**	**bé**	**bê**	**bè**
	t	:	**ti**	**to**	**ta**	**te**	**tu**	**té**	**tê**	**tè**

TROISIÈME EXERCICE. — Lorsque l'enfant connaît suffisamment les sons et les articulations, on le fait passer à la lecture des syllabes et des *mots;* il épelle les syllabes en prononçant le son **AVANT** de l'unir à l'articulation, comme il est dit ci-dessus (5e procédé), puis il lit chaque mot sans décomposition, ni épellation (6e procédé).

(Nous citons ces trois exercices parce qu'ils sont fondamentaux; mais le Maître pourra en imaginer beaucoup d'autres, car la disposition de la méthode se prête très aisément aux combinaisons les plus variées et les plus intéressantes.)

LE PREMIER LIVRET

Les premières pages du **premier livret** reproduisent exactement les **deux tableaux**; le procédé que nous venons d'indiquer s'applique donc aux premières pages du premier livret.

ENSEIGNEMENT SIMULTANÉ de la LECTURE et de L'ÉCRITURE

Dès que l'enfant commence à lire, il convient de le faire écrire. La lecture aide aux progrès de l'écriture et réciproquement.

Avant que l'enfant commence à écrire, il est utile qu'il apprenne à lire les caractères d'écriture. Les pages 8 et suivantes sont disposées pour atteindre facilement ce but.

A partir de la page 8, il existe un modèle d'écriture anglaise au bas de chaque page.

Toute notre méthode se réduit à la règle suivante :

RÈGLE. — L'élève tiendra la plume sans raideur; il écrira légèrement, lentement, et s'attachera à donner aux jambages la régularité de pente, de hauteur et d'écartement.

LECTURE — ÉCRITURE

PREMIÈRE LEÇON

Guide. — Procéder comme il est indiqué page 2 (1er, 2e et 3e exercices).

· Ne passer à la Deuxième leçon que lorsque l'enfant connaîtra *très bien* les **onze lettres de cette** Première leçon.

ARTICULATIONS	SONS	
1er GROUPE [Prononcez : *be, pe, ve, fe*]	**a e i o u é è ê**	
b	MOTS	
p	**p** a-**p** a	é-**t** é
v	**p** a-**p** e	**d** i-**t** e
f	**p** i-**p** e	**v** o-**t** e
2e GROUPE [Prononcez : *de, te*]	**d** u-**p** e	**b** o-**b** o
d	**f** a-**d** e	**f** ê-**t** e
t	**t** ê-**t** e	**v** i-**d** e
	t a-**p** e	**d** a-**t** e

DEUXIÈME LEÇON

Guide. — Procéder comme il est indiqué page 2 (1er, 2e et 3e exercices).

Ne passer à la Troisième leçon que lorsque l'élève connaîtra très bien les huit nouvelles articulations de celle-ci.

Revenir sur la Première leçon.

ARTICULATIONS	SONS	
3e GROUPE [Prononcez : *gue*, *que*, *ke*]	a e i o u é è ê	
g { a o u gu { e i	MOTS	
c { a o u	ra-re	ga-lè-re
qu	a-mi	ga-re
	ma-ri	re-cu-le
k	ri-me	co-lo-ré
4e GROUPE [Prononcez : *le*, *re*, *me*, *ne*]	mo-ra-le	la-me
l	li-re	é-ga-ré
	ma-re	ca-ra-co
r	gué-ri	li-me
m	cu-ré	la ca-le
n	ra-me	pi-le

TROISIÈME LEÇON

Guide. — Procéder comme il est indiqué page 2 (1er, 2e et 3e exercices).

Ne passer à la Quatrième leçon que lorsque l'élève connaîtra bien les huit nouvelles articulations de celle-ci.

Revenir sur les deux premières leçons.

ARTICULATIONS	SONS	
5e GROUPE [Prononcez : *se, ce, ze, je, che*]	a e i o u é è ê	
s c{e, i	MOTS	
z		
j g{e, i	je vi-de	i-gn a-r e
ch	ce-r i-s e	s o-n o-r e
	m a-x i-m e	h é-r i-t a-g e
6e GROUPE [Prononcez : *ille* (comme dans *pa-ille*), *gne, he, xe*]	p a-ill e	i-gn o-r é
ill	v o-l a-ill e	r a-c i-n e
	ch a-r i-t é	z è-l e
gn	s a-l a-d e	z é-r o
h	ch i-m è-r e	j u-j u-b e
x	z o-n e	ch é-r i

QUATRIÈME LEÇON

LES VINGT-CINQ LETTRES

Guide. — Procéder comme il est dit page 2 (exercices 1, 2, 3).

ARTICULATIONS
[Prononcez : *be*, *pe*, etc.]

b
p
v
f ph
d
t th
g (dur) gu
c (dur)
qu
k
l
r
m
n
s ç c{e, i}
z
j g{e, i}
ch ill gn
h
x

SONS

a e i o u é è ê

MOTS

nu-mé-ro	zé-ro
fê-lu-re	re-mè-de
vé-ri-té	mè-re
vo-lu-me	gui-de
mo-dè-le	lé-gu-me
qua-li-té	pe-lo-te
na-vi-re	ca-ba-ne
ma-da-me	ca-ra-fe
do-mi-no	sa-la-de
vi-pè-re	pu-re-té
pa-ru-re	ma-la-de

ARTICULATIONS

B b
P p
V v
F f ph
D d
T t th
G g (dur) gu
C c (dur)
Q qu
K k
L l
R r
M m
N n
S s ç c{e i
Z z
J j g{e i
ch gn ill
H h
X x

CINQUIÈME LEÇON

ÉTUDE DES MAJUSCULES

Guide. — Procéder comme il est dit page 2 (exercices 1, 2, 3).

SONS

A	E	I	O	U	É	È	Ê
a	e	i	o	u	é	è	ê

MOTS

É-mi-le	Mé-na-ge
A-dè-le	Ce-ri-se
Ca-na-da	Ci-ra-ge
Ma-la-ga	A-si-le
Ri-vo-li	Mi-nu-te
Ca-ro-li-ne	Ri-va-ge
Fa-ri-ne	Me-su-re
Co-lè-re	Cha-ri-té
Me-xi-que	Sé-vè-re
É-co-le	É-lè-ve

SIXIÈME LEÇON

ÉTUDE DES CARACTÈRES D'ÉCRITURE

Guide. — L'étude des caractères d'écriture est sans difficulté, puisque la forme des lettres anglaises approche sensiblement de celle des caractères d'imprimerie ; cette étude offre en outre l'avantage considérable de préparer les enfants aux leçons d'écriture.

Appliquer à la lecture des caractères d'écriture les procédés indiqués page 2.

ARTICULATIONS

b	*b*	**r**	*r*
p	*p*	**m**	*m*
v	*v*	**n**	*n*
f	*f*	**s**	*s*
d	*d*	**z**	*z*
t	*t*	**j**	*j*
g	*g*	**ch**	*ch*
c	*c*	**ill**	*ill*
q	*q*	**gn**	*gn*
k	*k*	**h**	*h*
l	*l*	**x**	*x*

SONS

a	e	i	o	u
a	*e*	*i*	*o*	*u*

MOTS

tê-te	*bébé*
pi-le	*robe*
pi-pe	*page*
ri-re	*mère*
fê-te	*rade*
ma-ge	*pipe*
bé-bé	*mage*
pa-ge	*rire*
ro-be	*fête*
mè-re	*pile*
ra-de	*tête*

PHRASES

Guide. — Faire prononcer le son AVANT de l'unir à l'articulation (procédés 5 et 6, page 1).

Pa-**p**a **m**e **f**e-**r**a **l**i-**r**e u-**n**e **p**a-**g**e.
Ma **m**è-**r**e **l**a-**v**e-**r**a **m**a **r**o-**b**e **s**a-**m**e-**d**i.
Ho-**n**o-**r**e **t**a **p**e-**t**i-**t**e **m**è-**r**e **ch**é-**r**i-e.
Le **n**a-**v**i-**r**e a **ch**a-**v**i-**r**é à **l**a **r**a-**d**e.
L'é-**l**è-**v**e **s**a-**g**e, **d**o-**c**i-**l**e, **s**e-**r**a **f**ê-**t**é.

Papa me fera lire une page m
Ma mère lavera ma robe samedi
Honore ta petite mère chérie
Le navire a chaviré à la rade
L'élève sage, docile, sera fêté
L'orage a déraciné le chêne
La sévérité amène la docilité

Première leçon d'écriture.

□ /

ARTICULATIONS

B b
P p
V v
F f ph
D d
T t th
G g gu
C c
Q qu
K k
L l
R r
M m
N n
S s ç c }e i
Z z
J j g{e i
ch ill gn
H h
X x

SEPTIÈME LEÇON

2e GROUPE DE SONS — ÉQUIVALENCES

Guide. — Les sons sont prononcés *sans épellation*, par *une seule émission de voix*.

Les enfants sont exercés au moyen de la double baguette (voir page 2).

a	â	as	
pa-pa	Pâ-que	bas	ra-ta
e	eu	œu	eux
â-ne	ne-veu	vœu	jeux
é	er	ez	ai
é-té	lé-ger	nez	se-rai
è	ê	es	est
fè-ve	fê-te	les dé-cès	c'est
et	ei	ai=ais	
va-let	rei-ne	ai-mais	gê-ne
i	î	y	ie
vi-te	gî-te	ly-re	pou-lie
ô	au	eau	aux
cô-te	bau-me	veau	maux
u	û	ou	oû
fé-tu	mû-re	cou-cou	voû-te

PHRASES

Guide. — Suivre les procédés d'épellation indiqués page 2.

La va-gue a rou-lé la bai-gneu-se.

As-tu su-cé le ju-ju-be que ta mè-re t'a a-che-té ?

La voû-te de la ca-ve s'est é-bou-lé-e.

Fais l'au-mô-ne à ce pa-ra-ly-ti-que.

Ma chè-re pe-ti-te É-li-se, ne fais ja-mais de pei-ne à ton pè-re.

U-ne pe-ti-te fi-lle ne ca-che ja-mais la vé-ri-té à sa mè-re.

Ce mi-li-tai-re a re-çu du ca-pi-tai-ne des é-lo-ges mé-ri-tés.

Le pi-lo-te a sau-vé le na-vi-re.

Le paralytique, le pilote, abc

uuu ii uuuu iiiiiu

ARTICULATIONS
B b
P p
V v
F f ph
D d
T t th
G g gu
C c
Q qu
K k
L l
R r
M m
N n
S s ç c{e i
Z z
J j g{e i
ch ill gn
H h
X x

HUITIÈME LEÇON

3e GROUPE DE SONS — NASALES

Guide. — On prononcera les sons nasaux par une seule émission de voix. Procéder comme il est dit page 2.

an	am	en	em
tan-te	jam-be	pen-te	tem-pe

in	im	ain	aim
la-pin	im-po-li	pain	faim
ein			
sein	main	din-de	le vin

on	om		
pon-te	bom-be	bon	ron-de

un	eun		
lun-di	à jeun	a-lun	au-cun

SIGNES DE PONCTUATION ET ACCENTS

, ; : . ! ? ´ ` ^ ¨

CHIFFRES ET NOMBRES (de 1 à 100)

0	1	2	3	4	5
rien	.	..	...	....	.....

PHRASES

Guide. — Suivre les procédés d'épellation indiqués page 2.

Un en-fant im-po-li est pu-ni à l'é-co-le et à la mai-son; un en-fant sa-ge, po-li, y est ré-com-pen-sé.

L'en-fant se la-ve-ra le vi-sa-ge et les mains a-vant de man-ger.

Mon a-mi, tu se-ras sa-ge, sou-mis, doux, sin-cè-re, tu fe-ras la fé-li-ci-té de ton pè-re et de ta mè-re.

Les mi-né-raux sont dé-po-sés dans le sein de la ter-re.

L'é-co-no-mie est un ri-che re-ve-nu.

L'économie est un riche revenu

6	7	8	9	10
:::	:::·	::::	::::·	

m m n n n m n n n

ARTICULATIONS
B b
P p
V v
F f ph
D d
T t th
G g gu
C c
Q qu
K k
L l
R r
M m
N n
S s ç c {e i
Z z
J j g {e i
ch ill gn
H h
X x

NEUVIÈME LEÇON

4e GROUPE DE SONS — DIPHTONGUES

Guide. — On prononcera les diphtongues par une seule émission de voix. Procéder comme il est indiqué page 2 (exercices 1, 2, 3).

oi	oî		
voi-sin	boî-te	moi	toi
ia	ié	iè	iez
ra-ta-fia	pi-tié	piè-ce	dé-liez
ier	iais		
o-sier	un biais	pa-nier	riez
ian	ien	ien	ieu
vian-de	scien-ce	chien	Dieu
io	iau	ion	iu
fio-le	miau-ler	lion	re-liu-re
ouan	oui	oin	ouin
louan-ge	Louis	foin	ba-bouin
ua	uai	ui	uin
sua-ve	suai-re	nui-re	en Juin

11 12 13 14 15

PHRASES

Guide. — Suivre les procédés d'épellation indiqués page 2.

Louis a vi-si-té le vieux Rouen.

Un mou-che-ron met un lion en fu-rie.

Si tu ai-mes ton ca-ma-ra-de, em-pê-che-le de fai-re un men-son-ge.

Un sou é-co-no-mi-sé est un sou ga-gné bien fa-ci-le-ment.

L'é-lè-ve la-bo-rieux, soi-gneux, est ai-mé de tous les gens de bien.

De-main on fe-ra la ven-dan-ge et on man-ge-ra de ton bon rai-sin.

Demain on fera la vendange

16 17 18 19 20

llllll llll ll

ARTICULATIONS

B b
P p
V v
F f ph
D d
T t th
G g gu
C c
Q qu
K k
L l
R r
M m
N n
S s ç c {e, i}
Z z
J j g {e, i}
ch ill gn
H h
X x

DIXIÈME LEÇON

5e GROUPE DE SONS — MUETTES

Guide. — On prononcera les muettes par une seule émission de voix. Procéder comme il est indiqué page 2.

ab	af	ap	ac
ab-cès	af-fût	un cap	le bac
ad	ar	al	as
ad-joint	car-te	bal	un as
ec	er	el	es
un bec	en-fer	bel	mes-se
if	ir	il	is
ta-rif	fi-nir	le cil	i-ris
ob	op	oc	or
ob-jet	op-ter	choc	or-gue
ub	ud	ur	ul
sub-til	sud	dur	nul
feu-ille	pa-ille	ma-ille	fou-ille
bi-lle	bi-llard	fi-lle	qui-lle
21	22	23	24	25

PHRASES

Guide. — Suivre les procédés d'épellation indiqués page 2.

On doit se-cou-rir les mal-heu-reux.

Fais bien ce que tu fais.

Un ca-nal est u-ne ri-viè-re fai-te par la main des hom-mes.

Quand je suis a-vec mon a-mi, je ne suis pas seul et nous ne som-mes pas deux.

Dis-moi qui tu han-tes, je te di-rai si tu es bon ou mau-vais.

En tous temps, en tous lieux, les char-la-tans ont mis des im-pôts sur l'i-gno-ran-ce et sur la peur.

Fais bien ce que tu fais

26	27	28	29	30

s sss sss sss sss sss

ONZIÈME LEÇON

ARTICULATIONS COMPOSÉES

ARTICULATIONS					
	a	a	dra–me	fla–que	cra–be
		â as	â–cre	bras	plâ–tras
bl	e	e	é-cre-vis-se	cè–dre	fre–lon
pl		eu	fleu–ret	pleu–voir	creu–ser
spl		œu	œu–vé	œu–vre	vœu
		eux	af–freux	fié–vreux	creux
fl	é	é	pré	blé	flé–trir
phl		et	bra-ce-let	pla–cet	cou–plet
cl		er	en–fler	pou–drer	en–trer
		ai	je ri–rai	j'en–trai	je met–trai
chl		ez	mon–trez	vain–crez	chez
gl	è	è ê	frè–re	prê–tre	fe–nê–tre
br		êt	ar–rêt	in–té–rêt	prêt
		ai ei	plai–sir	plei–ne	frai–se
pr		aî	pa–raî–tre	naî–tre	maî–tre
vr		es	pa–res–se	pres–se	jeu–nes–se
fr	i	i î y	tri–ni–té	vî–mes	ty–ran
		y = i i	mo–yen [i-i]	ci–to–yen [i-i]	pay–san [i-i]
phr		31	32	33, 34	35

Guide. — 1° Les articulations composées se prononcent *ble*, *ple*, *sple*, *fle*, *phle*, *cle*, etc.
2° Les faire assembler avec les différents groupes de sons au moyen de la double baguette.
3° En passant à l'étude des mots, faire prononcer le son *avant* l'articulation.

(SUITE)

cr · **chr** · **gr** · **dr** · **tr** · **str** · **sb** · **sp** · **sph** · **sc** · **st** · **ps**

Son	Graphies			
o	o	**bros–se**	**blo–quer**	**tri–cor–ne**
	au eau	au–**tre**	**sc**eau	**pru–n**eau
	ô	a–**p**ô–**tr**e	**l**e **v**ô–**tr**e	**pr**ô–**n**e
	aux	**fl**é–aux	**v**i–**tr**aux	a-**m**i-**r**aux
	eaux	**cr**é–**n**eaux	**p**eaux	**v**eaux
u	û	**pl**u–**m**e	**br**u–**n**ir	**fl**û–**t**e
ou	oû	**fr**ou–**fr**ou	**bl**ou–**s**e	**cr**oû–**t**on
an	an am	**pl**an–**t**e	**fl**am–**b**er	**cr**an
	en em	**c**en–**dr**e	**t**em–**pl**e	en–**cr**e
in	in im	en–**cl**in	**t**im-**b**a-**l**e	**t**im–**br**e
	ain aim	**pl**ain–**t**if	**d**aim	**tr**ain
	ein	**pl**ein	**c**ein–**dr**e	é–**t**ein–**dr**e
	en	**l**e **m**ien	**chr**é–**t**ien	**s**ou–**t**ien
on	om	on–**cl**e	**pl**om–**b**er	**p**om–**p**e
un	um	au–**c**un	em–**pr**unt	**h**um–**bl**e
oi	oî	**cl**oi–**s**on	**cr**oî–**tr**e	**dr**oi–**t**e

ia	ion	ien	ua	ouan
ian	ier	io	ui	oin
ieu	ié	iez	uin	oui

36 37 38 39 40

LEÇONS DE CHOSES

Guide. — Les pages qui suivent renferment quelques difficultés de lecture que l'enfant n'a pas encore étudiées et que le Maître expliquera à mesure qu'il les rencontrera. — A l'égard de l'utilité des questions posées au-dessous des gravures, voir ce qui est dit au verso de la couverture. (*Leçons de choses.*) — Les astérisques renvoient aux gravures. — Faire lire tous les numéros d'ordre.

Avec quoi fait-on le pain ? Où pousse le blé ?

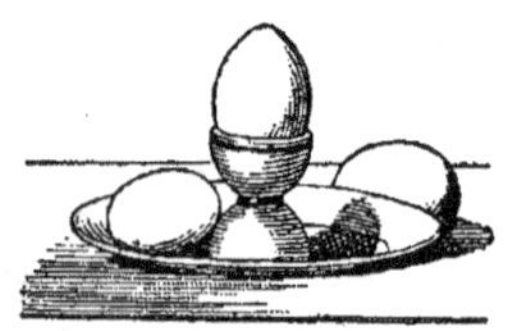

Quel est l'animal qui a pondu ces œufs ?

Sur quoi poussent les poires ? — A quelle époque les poires sont-elles mûres ?

LE DÉJEUNER

1. En re-ve-nant de l'é-co-le, Luc a trou-vé la ta-ble* mi-se.

2. Sur u-ne nap-pe* blan-che sont po-sés du pain*, un ver-re*, un cou-teau*, u-ne as-siet-te*.

3. Sa bon-ne mè-re lui ap-por-te des œufs* frais qu'il va man-ger à la co-que.

4. El-le lui sert pour des-sert les bon-nes poi-res* du jar-din.

41 42 43 44 45

Aimez tendrement votre mère

munition m n m

Pourquoi appelle-t-on ce jeu la balançoire ? — A quoi servent les balances ?

Quelle forme a un cerceau ? — Dessinez un rond, — un carré.

En quoi est fait ce cheval ? Sur quoi repose-t-il ?

LES JEUX

5. **L**or–s**qu**e les en–**f**ants ont **b**ien **tr**a–va–**ill**é à **l**'é–co–**l**e, il **l**eur est **p**er–**m**is **d**e **b**ien **j**ou–er.

6. **V**oi–ci **d**eux en–**f**ants* **qu**i **j**ou–ent à **l**a **b**a–**l**an–**ç**oi–**r**e*.

7. En **v**oi-**c**i un au-**tr**e **qu**i **j**ou–e au **c**er–**c**eau*.

8. **P**our **s**e **r**e–**p**o–**s**er, **l**es **tr**ois en–**f**ants* **j**ou–e–**r**ont aux **d**és.

9. **L**e **p**e-**t**it **J**ean*, **qu**i est **tr**op **j**eu-**n**e **p**our **j**ouer a-**v**ec **s**es **fr**è-**r**es aî-**n**és, **s**'a-**m**u-**s**e à **c**on-**d**ui-**r**e un **b**eau **ch**e-**v**al* **d**e **b**ois.

46	47	48	49	50
****	****	****	****	*****

Ne vous fâchez pas en jouant

nvnvnvnvnvnvnvn

De quoi vous servez-vous pour vous laver le matin ?

Avec quoi vous démêlez-vous les cheveux ?

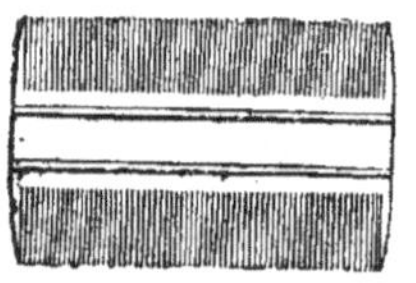
Avec quoi vous nettoyez-vous la tête ?

Comment appelez-vous cet objet ?

LA PROPRETÉ

10. Lor–sque vous vous le-vez, vo–tre pre–mier soin, a-près a-voir em-brassé vos pa-rents est de vous la–ver.

11. Pour vous la-ver, vous vous ser-vez d'u-ne é-pon-ge* ou d'u-ne ser-viet-te que vous trem-pez dans l'eau d'u-ne cu-vet-te*.

12. Vous vous pei–gnez en-sui–te les che–veux a–vec un dé–mê–loir* et puis a–vec un pei–gne* fin.

13. Pour vous gui–der dans vo–tre toi–let–te, vous pou–vez vous ser–vir d'un mi–roir*.

51	52	53	54	55
***** .	***** :	***** :·	***** ::	***** ::·

Tenez-vous toujours proprement

cccccc cccc ccc cc

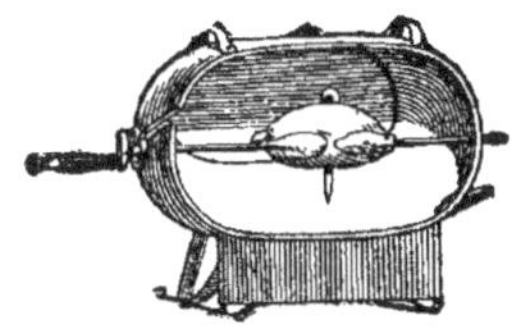

A quoi sert une rôtissoire ? — Comment s'y prend-on pour faire rôtir un poulet dans une rôtissoire ?

A quoi sert un four ? — Comment chauffe-t-on un four ? — Où les boulangers font-ils cuire le pain ?

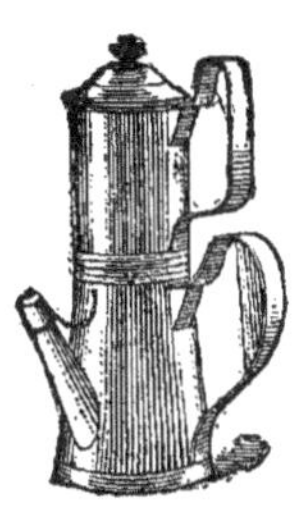

Avez-vous vu des grains de café ? — Qu'est-ce que moudre du café ?

LA CUISINE DE VICTOIRE

14. Vic-toi-re est u-ne do-mes-ti-que dé-voué-e ; el-le soi-gne fort bien sa cui-si-ne, qui est tou-jours pro-pre.

15. En ce mo-ment el-le fait rô-tir un pou-let* dans sa rô-tis-soi-re*.

16. Sans dou-te el-le va fai-re cui-re de la pâ-tis-se-rie, car le four* est chauf-fé.

17. Le dî-ner se-ra com-plet; voi-ci la ca-fe-tiè-re* dans la-quel-le Vic-toi-re fe-ra le ca-fé.

56	57	58	59	60
*****	*****	*****	*****	******
∴∴	∴∴	∴∴	∴∴	

Mettez chaque chose à sa place

rrrrrrrrrrrrrrrr

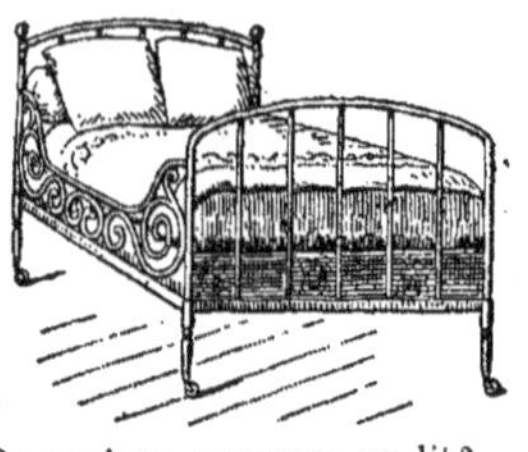

De quoi se compose un lit? — Qu'y a-t-il dans un matelas? — Dans un lit de plume? — Dans un oreiller?

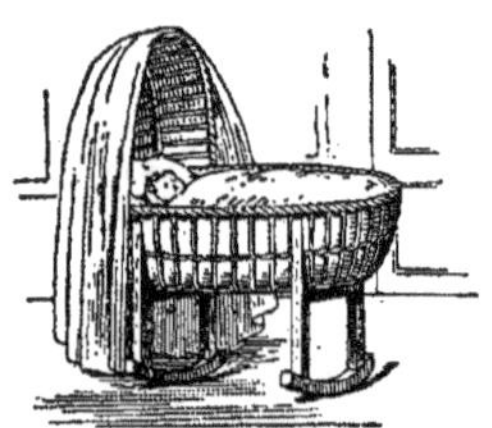

En quoi est fait ce berceau? — Qu'est-ce que l'osier? — A quoi sont destinés les berceaux?

Combien cette table a-t-elle de pieds? — Par quoi les quatre pieds sont-ils réunis? — Montrez le tiroir.

LA CHAMBRE A COUCHER

18. Vos pa–rents re–po–sent la nuit dans un grand lit* or–né de beaux ri–deaux blancs.

19. A cô-té du lit* est le berceau* de vo-tre pe-ti-te sœur.

20. Ce soir vous pour–rez la ber–cer pour l'en–dor–mir, car les pieds* du ber-ceau* sont posés sur deux bâ-tons* ar-ron-dis.

21. De–vant la fe–nê–tre se trou–ve la ta–ble*, au–tour de la–quel–le tout le mon-de se ré-u-nit le soir pour tra-va-iller en com–mun.

61 62 63 64 65

N'abîmez pas les meubles de

eeeeeeeeeeeeeeee

A quoi servent les yeux? — le nez? — les oreilles? — la langue? — les doigts?

Combien avons-nous de bras? — Par quoi les bras se terminent-ils?

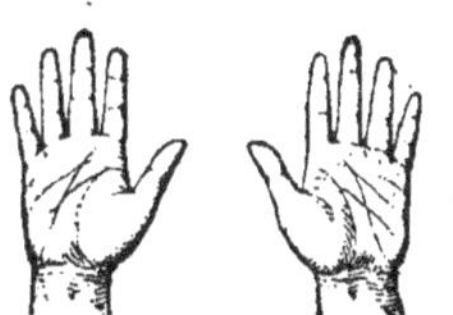
Combien avons-nous de doigts? - Montrez le pouce, — le petit doigt, — la paume de la main.

Montrez le talon, — la cheville, — les orteils, — la plante des pieds.

L'HOMME

22. L'hom–me a deux yeux* pour voir.

Deux o–rei–lles* pour en–ten–dre.

U–ne lan–gue pour par–ler.

23. Ce qui sem–ble lui di–re qu'il doit plus é–cou–ter et ob–ser–ver que par–ler.

24. Il pos–sè–de en ou–tre un nez* pour sen–tir et res–pi–rer.

Deux bras*, deux mains* et dix doigts* au ser-vi-ce de sa vo-lon-té.

25. Deux jam-bes et deux pieds* pour se trans–por–ter.

26. La main est un ad–mi–ra-ble in-stru-ment de tra-vail.

66	67	68	69	70
******	******	******	******	*******
:::	:::·	::::	::::·	

Enfants gardez-vous de mentir

o aaaaaaaa dddaa

A quoi sert l'encre ? — Savez-vous écrire ? — Avec quoi écrivez-vous ?

A quoi servent les crayons ? — Avec quoi taille-t-on les crayons ?

Montrez le manche du couteau, — la lame. — En quel métal est la lame ?

Que faut-il faire pour mériter une couronne ?

L'ÉCOLIER SOIGNEUX

27. L'é-co-lier soi-gneux ran-ge son en-crier* lor-squ'il a fi-ni ses de-voirs.

28. Il é-vi-te de se noir-cir les doigts a-vec de l'en-cre et d'en ta-cher ses vê-te-ments.

29. Lor-squ'il ta-ille son cra-yon*, il é-vi-te de se cou-per.

30. Il ne jou-e ja-mais a-vec son cou-teau*, dans la crain-te de bles-ser ses pe-tits ca-ma-ra-des.

31. L'é-co-lier la-bo-rieux re-çoit u-ne cou-ron-ne* à la fin de l'an-née.

71 72 73 74 75

Etudiez pour vous instruire

aqqqq qqq adqqq

Que met-on dans une carafe ? — En quoi est faite une carafe ? — Montrez le bouchon

Ce verre est-il à pied ? — A quoi sert un verre ?

Que met-on dans les tonneaux ? — En quoi sont faits les tonneaux ? — Qu'est-ce qu'un tonneau vide ? — Un tonneau plein ?

LES RÉCIPIENTS

32. **D**ans **qu**el **v**a-**s**e **v**o-**tr**e **m**è-**r**e **c**on-**s**er-**v**e-**t**-el-**l**e **s**on eau? — **D**ans u-**n**e **cr**u-**ch**e **d**e **gr**ès.

33. **C**om-**m**ent ap-**p**e-**l**ez-**v**ous **l**e **v**a-**s**e **d**e **v**er-**r**e **qu**'on **m**et **s**ur **l**a **t**a-**bl**e et **qu**i **c**on-**t**ient **l**'eau **b**on-**n**e à **b**oi-**r**e? — U-**n**e **c**a-**r**a-**f**e*.

34. **D**e **qu**oi **v**ous **s**er-**v**ez-**v**ous **p**our **b**oi-**r**e? — **D**e **v**er-**r**es* à **p**ied* ou **s**ans **p**ied.

35. **D**ans **qu**oi **c**on-**s**er-**v**e-**t**-on **l**e **v**in en **c**a-**v**e? — **D**ans un **t**on-**n**eau*.

76	77	78	79	80
******* :::	******* :::·	******* ::::	******* ::::·	********

Ne jouez jamais avec le verre

x x x x x x x x x x x

A quoi sert la charrue ? — Montrez le soc. — Les roues. — Les manches. — Qu'est-ce qui tire la charrue ? — Qui la conduit ?

Comment appelez-vous cet instrument ? — A quoi sert-il ? — Qu'est-ce qui tire la herse ?

Montrez les brancards. — Les roues. — Le moyeu. — Qu'est-ce qu'un essieu ?

IL FAUT TRAVAILLER LA TERRE

36. L'hom-me doit ga-gner son pain et ce-lui de sa fa-mi-lle à for-ce de tra-vail.

37. Pour ga-gner son pain, l'hom-me re-tour-ne la ter-re.

38. Le la-bou-reur re-tour-ne la ter-re a-vec u-ne char-rue*.

39. Puis il y sè-me du blé et il le re-cou-vre a-vec u-ne her-se* ar-mé-e de gros-ses poin-tes*.

40. Quand les blés sont mûrs, le mois-son-neur les met en bot-tes et les char-ge sur u-ne char-ret-te*.

81	82	83	84	85
******** .	******** :	******** :˙	******** ::	******** ::˙

Dieu nous ordonne de travailler

z z z z z z z z Z Z Z Z

A quoi sert un banc? — En quoi est fait ce banc?

Comment appelle-t-on ceux qui abattent les arbres dans les bois? — Avec quoi les abattent-ils?

Qu'est-ce qu'un scieur de long? — Qu'est-ce qu'une scie?

LE BANC

41. Le banc* sur le-quel ce pe-tit gar-çon* est as-sis a é-té fait par plu-sieurs ou-vriers.

42. C'est Pier-re, le bû-che-ron, qui a a-bat-tu le chê-ne* a-vec sa co-gnée*,

43. C'est Ro-bert, le scieur* de long, qui en a fait des plan-ches.

44. C'est Jac-ques, le me-nui-sier, qui a ra-bo-té u-ne de ces plan-ches a-vec son ra-bot et qui y a a-ju-sté des pieds.

45. Qui est-ce qui a fait croî-tre le chê-ne? — C'est Dieu.

86	87	88	89	90
******** :::	******** :::'	******** ::::	******** ::::'	*********

La charité est un devoir. L

j j j j p p p y y y

A quoi servent les chevaux? — Montrez le naseau. — La crinière. — Les oreilles. — Le sabot. — Comment s'appelle le cri du cheval ?

A quoi servent les vaches? — Que fait-on avec le lait?

A quoi servent les chiens? — Comment s'appelle le cri du chien? — Devez-vous maltraiter les animaux ?

LES ANIMAUX DOMESTIQUES

46. Le che-val* est l'a-ni-mal le plus u-ti-le à l'hom-me. C'est lui qui por–te nos far–deaux, qui ti–re la char–rue et qui s'at–tel–le à nos voi–tu–res.

47. La va-che* nous don-ne ce bon lait blanc que vous bu-vez cha–que ma–tin.

48. Le chien* est l'a–mi de l'hom-me; il gar-de la mai-son, il dé-fend les mou-tons con-tre les loups.

49. Le chat at–tra–pe les sou–ris.

91	92	93	94	95
*********	*********	*********	*********	*********

Ne maltraitez pas les animaux.

llll hhhh bbbb

Quel titre donne-t-on au lion?

Quel est l'ennemi du poulailler?

Quel est l'ennemi des moutons?

Comment appelle-t-on cet animal?

ANIMAUX SAUVAGES

50. **L**e **l**ion* est ap-**p**e-**l**é **l**e **r**oi **d**es a-**n**i-**m**aux; **s**a **f**or-**c**e est **pr**o-**d**i-**g**ieu-**s**e; on **d**i-**r**ait un **gr**and **ch**at à **cr**i-**n**iè-**r**e* et à **qu**eu-e* **l**on-**g**ue.

51. **L**'en-**n**e-**m**i **d**u **p**ou-**l**a-**ill**er est **l**e **r**e-**n**ard*.

52. **L**'en-**n**e-**m**i **d**es **m**ou-**t**ons est **l**e **l**oup* **cr**u-el. Il é-**g**or-**g**e **l**es a-**gn**eaux et **l**a **br**e-**b**is **l**eur **m**è-**r**e et **l**es em-**p**or-**t**e **d**ans **l**a **f**o-**r**êt.

53. A-**v**ez-**v**ous **d**é-**j**à **v**u un ours*? On en **m**on-**tr**e **qu**el-**qu**e-**f**ois **d**ans **l**es **f**ê-**t**es.

96	97	98	99	100
*********	*********	*********	*********	**********
: : :	: : : ·	: : : :	: : : : ·	

Enfants, soyez obéissants

kkkkkkkkkkkk

Citez une mouche plus utile que celle-ci.

Qu'était ce papillon avant d'être papillon ?

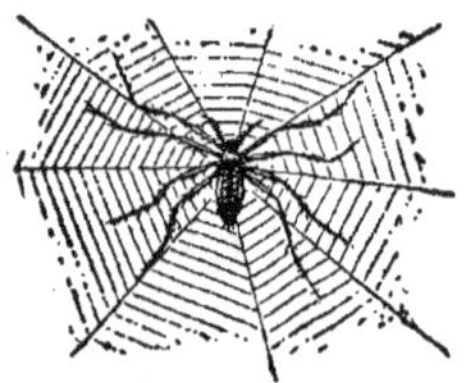

Dans quel but l'araignée tend-elle sa toile ?

LES PETITS ANIMAUX

54. La mouche* est un insecte.

55. L'abeille est une mouche à miel.

56. Le papillon est un insecte.

57. Le croiriez-vous ! Les jolis papillons* ont été des chenilles.

58. Il y a des chenilles qui filent de la soie ; ce sont les *vers à soie*.

59. L'araignée* file aussi, mais sa toile* est un piège qu'elle tend aux mouches. Malheur aux imprudentes qui s'y laisseront prendre ! Elles seront dévorées.

Enfants fuyez les méchants

f f f f f f f f f f f

ALPHABET

a b c d e f g h i j k l m n o p q r s t u v x y z

A NOS JEUNES LECTEURS

Vous êtes sans nul doute tout fiers, chers petits lecteurs, de savoir un peu lire, un peu écrire, un peu compter, et vous en avez le droit, car ce que vous savez, vous le devez à votre assiduité à l'école, à votre application, à votre docilité. Mais il vous reste encore bien des choses à apprendre, convenez-en. Il vous faut savoir lire, écrire et compter couramment; connaître les premiers mots de la Grammaire, de l'Arithmétique, de la Géographie, et beaucoup d'autres choses fort intéressantes que vous trouverez dans un livre deux fois gros comme celui-ci, rempli d'images comme celui-ci, et qu'on nomme le DEUXIÈME LIVRET.

LIBRAIRIE ARMAND COLIN, 103, Boulevard Saint-Michel, PARIS

R. C. Seine N° 28.065

ROYER-COURT

ARITHMÉTIQUE

ARITHMÉTIQUE — CALCUL MENTAL
SYSTÈME MÉTRIQUE — GÉOMÉTRIE

EN LEÇONS COMPLÈTES ET CONCORDANTES

COURS ÉLÉMENTAIRE

1490 Exercices et Problèmes — 137 Illustrations

Un volume in-12, cartonné.

COURS MOYEN

ET CERTIFICAT D'ÉTUDES

2450 Exercices et Problèmes — 260 Illustrations

Un volume in-12, cartonné.

COURS SUPÉRIEUR

2400 Exercices et Problèmes — 400 Illustrations

Un volume in-12, cartonné.

8210. — Paris. — Imp. Hemm[illegible] 125

www.ingramcontent.com/pod-product-compliance
Lightning Source LLC
LaVergne TN
LVHW012022160826
845678LV00002B/977

* 9 7 8 2 3 2 9 6 4 9 0 9 2 *